Criptomonedas Avanzadas: Optimización y Contratos Inteligentes en Kotlin

Libro 2 de la serie "Cómo Crear una Criptomoneda con Kotlin: De Cero a Experto"

Martin Alejandro Oviedo

con la colaboración de Daedalus

Primera Edición

Publicado en Amazon KDP, 2024

Dedicatoria

A todos los visionarios que buscan llevar sus ideas más allá de los límites, optimizando cada paso y automatizando el futuro. Este libro está dedicado a aquellos que transforman sus conocimientos en herramientas poderosas para crear soluciones avanzadas en el mundo del blockchain.

Martin Alejandro Oviedo y **Daedalus** les invitan a explorar los conceptos avanzados que optimizan el rendimiento y la funcionalidad de la blockchain. Este es el **Libro 2 de la serie "Cómo Crear una Criptomoneda con Kotlin: De Cero a Experto"**, donde profundizaremos en la optimización de blockchains y el desarrollo de contratos inteligentes que permitirán una mayor automatización y eficiencia en tus proyectos de criptomonedas.

Prólogo

Después de haber explorado los fundamentos de la blockchain y las criptomonedas en el primer libro de esta serie, ahora nos adentramos en terrenos más avanzados. **"Criptomonedas Avanzadas: Optimización y Contratos Inteligentes en Kotlin"** está diseñado para aquellos que desean llevar sus conocimientos al siguiente nivel, optimizando la estructura de su blockchain, haciendo su criptomoneda más eficiente, y añadiendo poderosas funcionalidades a través de los **contratos inteligentes**.

Este libro surge de la necesidad de dotar a los desarrolladores de herramientas más sofisticadas para crear criptomonedas capaces de competir en un entorno donde la escalabilidad, la seguridad y la eficiencia energética son factores críticos. En un ecosistema donde surgen nuevas tecnologías cada día, es crucial que los desarrolladores no solo comprendan cómo funciona una criptomoneda básica, sino también cómo hacerla crecer, cómo mejorar su rendimiento y cómo implementar sistemas más complejos que gestionen transacciones de forma autónoma y segura.

En los próximos capítulos, exploraremos temas como:

- **Optimización de la blockchain**: Veremos cómo mejorar la velocidad y reducir los costos computacionales de tu blockchain para que pueda manejar grandes volúmenes de transacciones.

- **Contratos inteligentes**: Aprenderás a implementar **contratos inteligentes** utilizando Kotlin, lo que te permitirá automatizar procesos y crear aplicaciones descentralizadas.

- **Pruebas de seguridad**: A medida que tu blockchain crece y se vuelve más compleja, es vital mantener su seguridad. Discutiremos estrategias y técnicas para proteger tu red de posibles ataques.

- **Integración con otras plataformas**: Veremos cómo tu blockchain puede interactuar con otras redes y plataformas, como Ethereum, permitiendo la interoperabilidad y la comunicación entre diferentes blockchains.

Si en el primer libro te centraste en los cimientos, este libro te proporcionará las herramientas para hacer de tu blockchain una estructura sólida, escalable y versátil. Ya no se trata solo de construir, sino de optimizar y expandir, con el fin de competir en el mundo de las criptomonedas y las aplicaciones descentralizadas.

Este libro es para aquellos que buscan algo más que una introducción. Es para los pioneros que desean crear criptomonedas capaces de resolver los desafíos del mundo real, donde cada optimización, cada contrato inteligente, y cada decisión de diseño marcarán la diferencia.

Prefacio

Después de completar el primer libro de esta serie, que cubría los fundamentos de las criptomonedas y la blockchain, sentí la necesidad de llevar este conocimiento más allá. El mundo de la blockchain está en constante evolución, y la creación de una criptomoneda no es solo un ejercicio técnico, sino un desafío que requiere optimización continua, nuevas estrategias de seguridad y la capacidad de escalar para satisfacer las demandas de los usuarios.

Este segundo libro está diseñado para aquellos que desean perfeccionar y expandir lo aprendido en el primer volumen. Aquí profundizaremos en temas que van más allá de los conceptos básicos, explorando cómo mejorar la eficiencia, la seguridad y la capacidad de automatización de una blockchain mediante la implementación de **contratos inteligentes**. La idea no es solo crear una criptomoneda, sino desarrollar una infraestructura que pueda soportar un alto volumen de transacciones, resolver problemas del mundo real y adaptarse a las nuevas tendencias de la industria.

Este libro es el resultado de mi propio aprendizaje continuo, y está inspirado por la creciente demanda de **criptomonedas** que no solo sean funcionales, sino también eficientes y seguras. La importancia de la **optimización de blockchain** y la automatización a través de **contratos inteligentes** no puede ser subestimada, ya que son los pilares que permitirán que estas tecnologías avancen y evolucionen.

He estructurado el libro para que sea accesible tanto para aquellos que ya tienen experiencia en el desarrollo de blockchain como para aquellos que están listos para avanzar desde lo básico hacia un nivel más avanzado. La serie "Cómo Crear una Criptomoneda con Kotlin" no solo busca enseñar las técnicas, sino también inspirar a los desarrolladores a construir soluciones innovadoras que transformen el ecosistema actual.

Espero que este libro te sirva no solo como una guía técnica, sino también como una herramienta para que puedas llevar tus proyectos de blockchain a nuevas alturas. Agradezco tu interés y dedicación en este emocionante viaje hacia la creación de criptomonedas avanzadas.

Índice

Capítulo 1: Introducción a la Optimización de Blockchain

Capítulo 2: Algoritmos de Consenso Avanzados

2.1. Limitaciones del Proof of Work (PoW)

2.2. Implementación de Proof of Stake (PoS) en Kotlin

2.3. Delegated Proof of Stake (DPoS): teoría y práctica

2.4. Casos de uso de consenso alternativo

Capítulo 3: Contratos Inteligentes en Kotlin

3.1. Introducción a los contratos inteligentes

3.2. Creación de contratos inteligentes en Kotlin

3.3. Implementación de automatización en transacciones

3.4. Seguridad en contratos inteligentes

3.5. Casos de uso de contratos inteligentes

Capítulo 4: Optimización de la Estructura de Bloques

4.1. Cómo optimizar el tamaño y la velocidad de los bloques

4.2. Reducción del tamaño de las transacciones

4.3. Creación de bloques más eficientes con Kotlin

4.4. Prácticas recomendadas en la optimización de bloques

Capítulo 5: Implementación de Canales de Pago (Payment Channels)

5.1. ¿Qué son los canales de pago y cómo funcionan?

5.2. Creación de un canal de pago en Kotlin

5.3. Optimización de las microtransacciones

5.4. Casos de uso de los canales de pago

Capítulo 6: Escalabilidad en Redes Blockchain

6.1. Desafíos de la escalabilidad en blockchains
6.2. Soluciones de escalabilidad: Sharding y L2
6.3. Implementación de soluciones de escalabilidad en Kotlin
6.4. Pruebas de rendimiento y benchmarking

Capítulo 7: Seguridad Avanzada en Blockchains

7.1. Cómo proteger tu blockchain contra ataques
7.2. Uso de criptografía avanzada para la seguridad
7.3. Detección y mitigación de ataques
7.4. Auditorías de seguridad y contratos inteligentes seguros

Capítulo 8: Interoperabilidad y Comunicación entre Blockchains

8.1. ¿Qué es la interoperabilidad entre blockchains?
8.2. Protocolos de comunicación entre diferentes redes
8.3. Integración de tu blockchain con otras plataformas (Ethereum, etc.)
8.4. Casos de uso y desafíos de la interoperabilidad

Capítulo 9: Mejores Prácticas y Futuras Tendencias

9.1. Lecciones aprendidas en la optimización de blockchains
9.2. El futuro de los contratos inteligentes
9.3. Tendencias emergentes en criptomonedas avanzadas
9.4. La evolución de Kotlin en el mundo blockchain

Apéndice A: Recursos Avanzados

- Libros y artículos recomendados sobre optimización de blockchain
- Documentación oficial para contratos inteligentes y PoS
- Herramientas y bibliotecas útiles para la optimización

Apéndice B: Promoción de Otros Libros de la Serie

- Enlace y descripción de los siguientes libros de la serie
- Otros títulos recomendados para profundizar en blockchain

Mensaje Estimulante

La tecnología avanza a pasos agigantados, y con ella vienen grandes oportunidades para aquellos que se atreven a ir más allá de los fundamentos. Este segundo libro es tu paso hacia un mundo más profundo de posibilidades. Optimizar, innovar y automatizar no solo te permite crear mejores soluciones, sino que también te coloca a la vanguardia de un cambio tecnológico que está transformando el futuro. Recuerda que cada pequeño avance que hagas hoy es un paso gigante hacia un futuro mejor y más eficiente. ¡Estás en el camino correcto!

Capítulo 1: Introducción a la Optimización de Blockchain

La creación de una blockchain funcional, como hemos visto en el primer libro, es el primer paso hacia la creación de una criptomoneda. Sin embargo, a medida que las redes blockchain crecen, la necesidad de optimización se vuelve crucial. La eficiencia, la velocidad de las transacciones y la capacidad de escalar a medida que más usuarios ingresan al sistema son desafíos que cualquier criptomoneda debe enfrentar si desea competir en el mundo real.

En este capítulo, abordaremos por qué la optimización es vital para el éxito a largo plazo de una blockchain, qué aspectos son los más importantes de mejorar y cómo podemos comenzar a implementar mejoras que hagan que nuestras redes sean más rápidas, eficientes y capaces de manejar grandes volúmenes de transacciones sin sacrificar la seguridad.

1.1. Importancia de la optimización en criptomonedas

En los primeros días del desarrollo de las criptomonedas, la principal preocupación era crear una blockchain que funcionara de manera segura y confiable. A medida que estas tecnologías se han ido adoptando masivamente, la **optimización** se ha convertido en uno de los factores clave para el éxito de cualquier red blockchain.

La **optimización** no solo se refiere a mejorar la velocidad de las transacciones, sino también a:

- **Reducir costos computacionales**: A medida que se ejecutan más transacciones, los recursos necesarios para mantener una blockchain aumentan exponencialmente. Optimizar estos recursos puede marcar una gran diferencia.

- **Aumentar la escalabilidad**: Las blockchains deben ser capaces de manejar cada vez más usuarios y transacciones sin ralentizarse.

- **Seguridad**: La optimización también puede mejorar la seguridad al hacer que los procesos de verificación sean más rápidos y precisos.

Un blockchain eficiente puede procesar transacciones de manera rápida, manteniendo su seguridad y reduciendo los costos computacionales, lo que la convierte en una opción más viable y atractiva tanto para desarrolladores como para inversores.

1.2. Desafíos de escalabilidad en redes blockchain

Uno de los principales retos para cualquier blockchain es la **escalabilidad**. Las redes de blockchain, por su diseño, están pensadas para ser descentralizadas y seguras, pero a menudo eso implica sacrificios en el rendimiento, especialmente a medida que aumenta el número de transacciones.

La **escalabilidad** se refiere a la capacidad de la blockchain para gestionar un número creciente de transacciones sin comprometer su rendimiento. Los principales desafíos de escalabilidad incluyen:

1. **Limitaciones de tamaño de bloque**: Cuanto mayor sea el número de transacciones en un bloque, más tiempo tardará en validarse y en ser añadido a la blockchain.

2. **Latencia**: A medida que aumenta el número de nodos en una red P2P, la propagación de información entre ellos puede volverse más lenta, afectando el tiempo que tarda en confirmarse una transacción.

3. **Costo computacional**: El uso de algoritmos de consenso como **Proof of Work (PoW)** requiere una enorme cantidad de energía computacional. Si no se optimiza correctamente, esto puede volverse insostenible a medida que crece la red.

A lo largo de este libro, exploraremos formas de superar estos desafíos, centrándonos en mejorar la **eficiencia** de las transacciones y aumentar la capacidad de tu blockchain para escalar a medida que su base de usuarios crece.

1.3. Reducción de costos computacionales en las transacciones

Uno de los elementos más importantes a optimizar en cualquier blockchain es el costo computacional asociado con las transacciones. El algoritmo de consenso **Proof of Work (PoW)**, si bien es altamente seguro, también es extremadamente ineficiente en términos de consumo de energía y uso de hardware.

Para reducir estos costos, algunas de las estrategias más comunes incluyen:

- **Optimización del código**: Revisar y mejorar el código de la blockchain para que las operaciones computacionales sean más rápidas y eficientes.

- **Uso de algoritmos alternativos**: En los próximos capítulos, exploraremos la implementación de **Proof of Stake (PoS)** como una alternativa eficiente al **PoW**, reduciendo drásticamente el uso de energía.

- **Compresión de datos**: Reducir el tamaño de los datos en las transacciones puede disminuir significativamente el tiempo de procesamiento y el espacio requerido en la blockchain.

Al implementar estas estrategias, no solo hacemos que la blockchain sea más accesible para una mayor cantidad de usuarios, sino que también reducimos el impacto ambiental de operar una red basada en criptomonedas.

1.4. Casos de uso de blockchains optimizadas

Algunas de las principales criptomonedas han trabajado intensamente en optimizar sus blockchains, lo que ha permitido a sus redes escalar y ofrecer soluciones a problemas del mundo real. A continuación, se presentan algunos ejemplos clave de cómo las blockchains optimizadas están siendo utilizadas en la actualidad:

- **Soluciones financieras de alto rendimiento**: Criptomonedas como **Ripple (XRP)** han optimizado su blockchain para procesar grandes volúmenes de transacciones por segundo, haciendo que sea una solución viable para pagos internacionales.

- **Aplicaciones descentralizadas (DApps)**: Blockchain como **Ethereum**, que ha trabajado en mejorar su escalabilidad, permite el desarrollo y ejecución de contratos inteligentes y aplicaciones descentralizadas que operan de manera rápida y eficiente.

- **Micropagos**: Blockchains optimizadas permiten la ejecución de micropagos, facilitando su adopción en mercados de juegos, plataformas de contenido y más, sin el alto costo de transacción que a menudo es un impedimento.

Estos ejemplos nos muestran que, al optimizar una blockchain, es posible no solo resolver problemas técnicos, sino también abrir nuevas oportunidades de negocio y adopción masiva de criptomonedas en diferentes sectores.

Conclusión del Capítulo 1:
La **optimización** es la clave para llevar una blockchain al siguiente nivel. Desde reducir costos hasta mejorar la escalabilidad y la velocidad de las transacciones, este capítulo te ha introducido en la importancia de optimizar una criptomoneda. A lo largo del libro, profundizaremos en cómo implementar estas mejoras utilizando Kotlin, así como en la creación de soluciones avanzadas como los **contratos inteligentes** y las **estrategias de escalabilidad**.

Capítulo 2: Algoritmos de Consenso Avanzados

El algoritmo de consenso es uno de los elementos más críticos en cualquier blockchain. Es el mecanismo que permite que los nodos en la red lleguen a un acuerdo sobre el estado de la blockchain, garantizando la seguridad y la integridad de la cadena sin necesidad de una autoridad central. En este capítulo, exploraremos los **algoritmos de consenso avanzados**, comenzando por las limitaciones de **Proof of Work (PoW)**, seguido de la implementación de **Proof of Stake (PoS)** y **Delegated Proof of Stake (DPoS)** en Kotlin. Finalmente, analizaremos casos de uso en los que estos algoritmos de consenso alternativos han demostrado ser efectivos.

2.1. Limitaciones del Proof of Work (PoW)

Proof of Work (PoW) fue el primer algoritmo de consenso ampliamente adoptado por las blockchains, siendo utilizado en **Bitcoin** y muchas otras criptomonedas. Si bien ha demostrado ser un método seguro para garantizar la validez de las transacciones y la seguridad de la blockchain, también presenta varias limitaciones importantes que lo hacen menos adecuado para blockchains que necesitan ser eficientes y escalables.

2.1.1. Consumo de energía

El principal inconveniente de PoW es su elevado consumo de energía. Para validar un bloque, los mineros deben realizar cálculos computacionales intensivos, lo que requiere grandes cantidades de energía. A medida que la dificultad de minado aumenta, también lo hace el consumo energético, lo que lo convierte en un proceso poco sostenible.

2.1.2. Latencia y escalabilidad

Otra limitación importante es la **latencia** en la confirmación de transacciones. El proceso de minado puede tardar varios minutos (o incluso horas en situaciones de alta demanda), lo que afecta la experiencia del usuario y limita la capacidad de la blockchain para procesar grandes volúmenes de transacciones.

2.1.3. Concentración del poder de minado

A medida que el minado se vuelve más costoso y requiere hardware especializado, el poder de minado tiende a concentrarse en manos de un número reducido de mineros o grupos de minería. Esto va en contra del principio de descentralización que debería caracterizar a las blockchains.

2.2. Implementación de Proof of Stake (PoS) en Kotlin

Una alternativa al PoW es el **Proof of Stake (PoS)**, un algoritmo de consenso que se ha vuelto popular debido a su eficiencia energética y su capacidad para mejorar la escalabilidad. En lugar de competir en una carrera computacional, en PoS los validadores son seleccionados para crear nuevos bloques en función de la cantidad de criptomonedas que poseen (o "apuestan") en la red.

En esta sección, implementaremos una versión simplificada de PoS utilizando Kotlin.

2.2.1. Concepto básico de Proof of Stake

En **Proof of Stake**, los validadores son elegidos en proporción a la cantidad de monedas que han apostado en la red. A diferencia de PoW, no es necesario realizar cálculos intensivos, lo que reduce drásticamente el consumo de energía. Los validadores tienen un incentivo para comportarse de manera honesta, ya que apostar sus monedas los pone en riesgo de perderlas si intentan validar bloques fraudulentos.

2.2.2. Implementación en Kotlin

A continuación, se presenta un ejemplo básico de cómo implementar PoS en Kotlin:

```kotlin
kotlinCopiar códigodata class Validador(
    val direccion: String,
    val balance: Double,
    var cantidadApostada: Double = 0.0
```

```kotlin
)

class BlockchainPoS {
    private val validadores =
mutableListOf<Validador>()

    // Añadir un validador con un balance
    fun registrarValidador(direccion: String,
balance: Double) {
        validadores.add(Validador(direccion,
balance))
    }

    // Seleccionar un validador al azar según la
cantidad apostada
    fun seleccionarValidador(): Validador {
        val totalApostado = validadores.sumOf {
it.cantidadApostada }
        val seleccion = validadores.shuffled().first
{ Math.random() * totalApostado <
it.cantidadApostada }
        println("Validador seleccionado:
${seleccion.direccion}")
        return seleccion
    }

    // Apostar monedas en el validador
    fun apostar(direccion: String, cantidad: Double)
{
        validadores.find { it.direccion == direccion
}?.cantidadApostada = cantidad
    }
}

// Ejemplo de uso:
```

```
val blockchain = BlockchainPoS()
blockchain.registrarValidador("Validador 1", 100.0)
blockchain.registrarValidador("Validador 2", 200.0)

blockchain.apostar("Validador 1", 50.0)
blockchain.apostar("Validador 2", 150.0)

val validadorSeleccionado =
blockchain.seleccionarValidador()
```

En este ejemplo, los validadores registran su participación en la blockchain y realizan apuestas (staking) de acuerdo con su balance. A medida que se seleccionan validadores para validar un bloque, el algoritmo elige de forma proporcional a la cantidad apostada.

2.3. Delegated Proof of Stake (DPoS): Teoría y Práctica

Delegated Proof of Stake (DPoS) es una evolución del PoS que introduce un sistema de votación. En DPoS, los poseedores de tokens no necesariamente actúan como validadores, sino que votan por un conjunto de delegados que se encargan de validar los bloques. Este modelo es más democrático y permite que la blockchain sea más rápida, ya que reduce el número de validadores activos en cualquier momento.

2.3.1. Ventajas de DPoS

- **Rendimiento superior**: Al tener un número limitado de delegados activos, la red puede procesar transacciones más rápidamente.

- **Descentralización mediante votación**: Aunque el número de validadores es limitado, la votación permite a los usuarios mantener el control sobre quiénes son los validadores, promoviendo la descentralización.

2.3.2. Implementación en Kotlin

Implementar DPoS en Kotlin requiere introducir un mecanismo de votación y delegación. Aquí te dejo un ejemplo básico:

```kotlin
kotlinCopiar códigodata class Delegado(val
direccion: String, var votos: Int = 0)

class BlockchainDPoS {
    private val delegados = mutableListOf<Delegado>
()
    private val validadoresActivos =
mutableListOf<Delegado>()

    fun registrarDelegado(direccion: String) {
        delegados.add(Delegado(direccion))
    }

    fun votarDelegado(direccion: String, votos: Int)
{
        val delegado = delegados.find { it.direccion
== direccion }
        delegado?.votos =
delegado?.votos?.plus(votos) ?: 0
```

```
    }

    fun seleccionarValidadores(cantidad: Int) {
        validadoresActivos.clear()

validadoresActivos.addAll(delegados.sortedByDescendi
ng { it.votos }.take(cantidad))
        println("Validadores seleccionados:
${validadoresActivos.map { it.direccion }}")
    }
}

// Ejemplo de uso:
val blockchainDPoS = BlockchainDPoS()
blockchainDPoS.registrarDelegado("Delegado 1")
blockchainDPoS.registrarDelegado("Delegado 2")
blockchainDPoS.votarDelegado("Delegado 1", 100)
blockchainDPoS.votarDelegado("Delegado 2", 200)
blockchainDPoS.seleccionarValidadores(1)  //
Selecciona al delegado con más votos
```

En este ejemplo, los usuarios votan por los delegados, y los delegados con más votos son seleccionados como validadores activos para validar los bloques. Esto permite una mayor eficiencia en la red.

2.4. Casos de uso de consenso alternativo

Algunos de los proyectos más conocidos que utilizan algoritmos de consenso alternativos incluyen:

- **Ethereum 2.0**: Utiliza **Proof of Stake** como parte de su transición desde PoW, mejorando la eficiencia energética y la escalabilidad de la red.

- **EOS**: Implementa **Delegated Proof of Stake (DPoS)**, lo que le permite procesar miles de transacciones por segundo gracias a su conjunto limitado de validadores activos.

- **Tezos**: Otro proyecto que utiliza **Proof of Stake**, permitiendo a los titulares de tokens votar sobre las actualizaciones del protocolo.

Estos ejemplos demuestran que los algoritmos de consenso avanzados pueden mejorar significativamente el rendimiento, la seguridad y la escalabilidad de una blockchain, haciéndola más competitiva y eficiente para aplicaciones del mundo real.

Conclusión del Capítulo 2:

En este capítulo, hemos explorado las limitaciones del **Proof of Work** y cómo los algoritmos de consenso avanzados, como **Proof of Stake (PoS)** y **Delegated Proof of Stake (DPoS)**, ofrecen soluciones más eficientes y escalables. Estos mecanismos permiten a las blockchains procesar más transacciones, reducir el consumo energético y mantener la seguridad, sentando las bases para redes más rápidas y sostenibles.

Capítulo 3: Contratos Inteligentes en Kotlin

Los **contratos inteligentes** son una de las innovaciones más poderosas en el mundo de las criptomonedas y la blockchain. Estos contratos permiten que se ejecuten acuerdos automatizados cuando se cumplen ciertas condiciones predefinidas, eliminando la necesidad de intermediarios y proporcionando un nivel de seguridad y confianza sin precedentes. En este capítulo, aprenderemos qué son los contratos inteligentes, cómo funcionan y cómo implementarlos en **Kotlin**. También exploraremos las mejores prácticas para la seguridad de los contratos inteligentes y algunos casos de uso importantes.

3.1. Introducción a los contratos inteligentes

Un **contrato inteligente** es un programa que se ejecuta automáticamente cuando se cumplen las condiciones establecidas en su código. A diferencia de los contratos tradicionales, que dependen de terceros o intermediarios para su cumplimiento, los contratos inteligentes se basan en el **código** y en la **blockchain** para garantizar que todas las partes involucradas sigan las reglas del contrato.

3.1.1. Cómo funcionan

Un contrato inteligente se despliega en una blockchain, y su código define qué sucede cuando se cumplen ciertas condiciones. Por ejemplo, un contrato inteligente puede contener las reglas de una transacción, como "si A deposita 1 bitcoin, entonces B recibirá el equivalente en otra criptomoneda". Todo el proceso es transparente y se registra en la blockchain, lo que lo hace inmutable e irreversible una vez que se ha ejecutado.

3.1.2. Ventajas de los contratos inteligentes

- **Automatización**: Todo el proceso se ejecuta automáticamente cuando se cumplen las condiciones predefinidas, eliminando la necesidad de intervención humana.
- **Confianza**: La blockchain garantiza que el contrato no puede ser alterado ni manipulado por ninguna de las partes.
- **Seguridad**: Los contratos inteligentes están protegidos por la criptografía de la blockchain, lo que reduce el riesgo de fraude.
- **Eficiencia**: Al eliminar intermediarios, los contratos inteligentes pueden ahorrar tiempo y costos en comparación con los contratos tradicionales.

3.2. Creación de contratos inteligentes en Kotlin

Aunque **Kotlin** no es tradicionalmente utilizado para desarrollar contratos inteligentes en plataformas como **Ethereum** (donde **Solidity** es el estándar), es posible implementar contratos inteligentes básicos utilizando Kotlin en una blockchain privada o en entornos de prueba. En este ejemplo, te mostraré cómo implementar un contrato inteligente simple en Kotlin que realice una transferencia de activos bajo ciertas condiciones.

3.2.1. Contrato simple de transferencia de activos

Aquí tienes un ejemplo básico de un contrato inteligente en Kotlin que transfiere fondos entre dos cuentas cuando se cumple una condición:

```kotlin
kotlinCopiar códigodata class Cuenta(
    val direccion: String,
    var balance: Double
)

class ContratoInteligente(
    private val emisor: Cuenta,
    private val receptor: Cuenta,
    private val monto: Double,
    private val condicion: () -> Boolean
) {

    fun ejecutarContrato(): Boolean {
        if (condicion()) {
            if (emisor.balance >= monto) {
                emisor.balance -= monto
                receptor.balance += monto
```

```
                    println("Contrato ejecutado:
${monto} transferidos de ${emisor.direccion} a
${receptor.direccion}")
                return true
            } else {
                println("Contrato fallido: saldo
insuficiente en la cuenta del emisor")
                return false
            }
        } else {
            println("Contrato fallido: condición no
cumplida")
            return false
        }
    }
}


// Ejemplo de uso
val cuentaEmisor = Cuenta("Emisor1", 100.0)
val cuentaReceptor = Cuenta("Receptor1", 50.0)

val contrato = ContratoInteligente(cuentaEmisor,
cuentaReceptor, 30.0) {
    // Condición: Solo transferir si el balance del
emisor es mayor que el monto a transferir
    cuentaEmisor.balance > 30.0
}

contrato.ejecutarContrato()
```

En este ejemplo, hemos creado un contrato inteligente simple que transfiere fondos de una cuenta a otra solo si la condición establecida (que el emisor tenga suficientes fondos) es verdadera. Este tipo de contrato puede extenderse para incluir reglas más complejas y ser adaptado a diferentes escenarios.

3.3. Implementación de automatización en transacciones

Los **contratos inteligentes** permiten automatizar transacciones, lo que significa que las reglas y condiciones predefinidas pueden ser ejecutadas automáticamente sin intervención manual. Esto es particularmente útil para **pagos recurrentes**, **intercambios de activos** y otras operaciones donde las partes involucradas prefieren confiar en el código en lugar de intermediarios.

3.3.1. Automatización de pagos

Un caso de uso común para los contratos inteligentes es la automatización de pagos recurrentes. Supongamos que deseas realizar pagos mensuales automáticos desde una cuenta a otra. A continuación, te muestro cómo podrías implementar esta lógica en un contrato inteligente con Kotlin:

```kotlin
kotlinCopiar códigoclass ContratoDePagosAutomaticos(
    private val emisor: Cuenta,
    private val receptor: Cuenta,
    private val monto: Double,
    private val intervaloDias: Long
) {
    private var ultimaEjecucion: Long =
System.currentTimeMillis()

    fun ejecutarSiEsHora() {
        val ahora = System.currentTimeMillis()
```

```
        if (ahora - ultimaEjecucion >= intervaloDias
* 24 * 60 * 60 * 1000) {
            if (emisor.balance >= monto) {
                emisor.balance -= monto
                receptor.balance += monto
                ultimaEjecucion = ahora
                println("Pago de ${monto}
transferido de ${emisor.direccion} a
${receptor.direccion}")
            } else {
                println("Pago fallido: saldo
insuficiente")
            }
        } else {
            println("No es hora de realizar el pago
aún")
        }
    }
}

// Ejemplo de uso:
val contratoPagos =
ContratoDePagosAutomaticos(cuentaEmisor,
cuentaReceptor, 10.0, 30)
contratoPagos.ejecutarSiEsHora()
```

Este código comprueba si ha pasado el intervalo de tiempo
especificado (en este caso, 30 días) desde la última ejecución del
contrato, y si es así, realiza el pago automático. Si no se cumple
el tiempo o el emisor no tiene suficiente saldo, el contrato no se
ejecuta.

3.4. Seguridad en contratos inteligentes

La **seguridad** es uno de los aspectos más críticos a tener en cuenta cuando se desarrollan contratos inteligentes. Dado que los contratos inteligentes se ejecutan automáticamente y sin intermediarios, cualquier error o vulnerabilidad en el código puede ser explotado, lo que podría resultar en la pérdida de fondos o datos.

3.4.1. Buenas prácticas de seguridad

- **Revisar el código exhaustivamente**: Siempre revisa el código de tus contratos inteligentes en busca de posibles errores o vulnerabilidades antes de desplegarlos en la blockchain.

- **Limitar el acceso a funciones críticas**: Asegúrate de que solo las partes autorizadas puedan acceder y ejecutar funciones sensibles en el contrato.

- **Utilizar contratos inteligentes modulares**: Dividir un contrato en componentes más pequeños y manejables puede facilitar su revisión y auditoría.

3.4.2. Ejemplo de vulnerabilidad: Re-entrada

Un ataque común en contratos inteligentes es la vulnerabilidad de **re-entrada**, en la que un atacante puede volver a llamar a una función crítica antes de que el contrato finalice su ejecución. Para evitar este tipo de ataques, siempre debes asegurarte de actualizar el estado del contrato antes de realizar una transferencia.

3.5. Casos de uso de contratos inteligentes

Los contratos inteligentes tienen un amplio rango de aplicaciones en el mundo real. A continuación, se describen algunos de los casos de uso más comunes:

- **Intercambios descentralizados (DEX)**: Los contratos inteligentes permiten que los usuarios intercambien criptomonedas directamente entre ellos sin necesidad de un intermediario centralizado.

- **Finanzas descentralizadas (DeFi)**: Los contratos inteligentes son la base de las plataformas DeFi, que ofrecen servicios financieros como préstamos, ahorros y seguros sin la intervención de entidades tradicionales.

- **Seguros**: Los contratos inteligentes pueden automatizar el pago de seguros cuando se cumplen ciertas condiciones, como un retraso en un vuelo o un evento climático.

- **Gestión de la cadena de suministro**: Los contratos inteligentes pueden rastrear y verificar automáticamente los envíos de bienes a través de la cadena de suministro, asegurando que los productos se entreguen en los tiempos acordados.

Conclusión del Capítulo 3:
Los **contratos inteligentes** son una herramienta poderosa que permite la automatización de acuerdos y transacciones sin necesidad de intermediarios. En este capítulo, hemos aprendido cómo crear contratos inteligentes básicos en Kotlin, cómo automatizar pagos y cómo asegurarse de que los contratos sean seguros y eficientes. A medida que avanzamos, veremos cómo

estos contratos pueden ser optimizados y utilizados en aplicaciones del mundo real, desde intercambios descentralizados hasta la gestión de activos.

Capítulo 4: Optimización de la Estructura de Bloques

La estructura de los bloques en una blockchain desempeña un papel fundamental en el rendimiento de la red. Una blockchain eficiente no solo depende de algoritmos de consenso avanzados y contratos inteligentes, sino también de la forma en que los bloques se construyen, validan y almacenan. En este capítulo, nos enfocaremos en cómo optimizar la estructura de los bloques para mejorar el rendimiento, reducir los costos computacionales y aumentar la escalabilidad de la red.

4.1. Cómo optimizar el tamaño y la velocidad de los bloques

Una de las principales áreas a optimizar en una blockchain es el **tamaño de los bloques**. Los bloques que contienen demasiada información pueden volverse ineficientes y causar demoras en la red. Por otro lado, bloques muy pequeños pueden resultar en una baja productividad y transacciones más lentas.

4.1.1. Tamaño de bloque

El tamaño de un bloque afecta directamente la velocidad de las transacciones. Blockchains como Bitcoin tienen un límite en el tamaño de los bloques (1 MB, por ejemplo), lo que puede generar problemas de congestión cuando se realizan muchas transacciones. Reducir el tamaño de los bloques puede mejorar la rapidez, pero también puede limitar la cantidad de transacciones que se pueden procesar por bloque.

4.1.2. Velocidad de bloque

La velocidad con la que se crean nuevos bloques (conocida como **block time**) también afecta el rendimiento. Reducir el tiempo de creación de bloques mejora la velocidad de confirmación de transacciones, pero aumenta el riesgo de bifurcaciones si no se gestionan adecuadamente.

4.1.3. Ejemplo de optimización del tamaño de bloque en Kotlin

Veamos cómo ajustar el tamaño de los bloques en Kotlin para optimizar el rendimiento:

```kotlin
kotlinCopiar códigodata class Bloque(
    val indice: Int,
    val timestamp: Long,
    val transacciones: List<String>,
    val hashAnterior: String,
    var hash: String = "",
    var nonce: Int = 0
) {
    fun calcularHash(): String {
        val input =
"$indice$timestamp$transacciones$hashAnterior$nonce"
```

```
        return input.hashCode().toString() //
Simulamos un hash simple
    }

    fun esValido(tamanoMaximo: Int): Boolean {
        return transacciones.size <= tamanoMaximo
    }
}

// Ejemplo de uso
val bloque = Bloque(1, System.currentTimeMillis(),
listOf("trans1", "trans2"), "hashPrevio")
if (bloque.esValido(2)) {
    println("Bloque válido, tamaño dentro del
límite")
} else {
    println("Bloque inválido, excede el tamaño
máximo permitido")
}
```

En este ejemplo, definimos una condición para que el bloque
sea válido solo si el número de transacciones no excede un
límite específico, lo que permite controlar el tamaño de cada
bloque.

4.2. Reducción del tamaño de las transacciones

Otro enfoque para optimizar la blockchain es reducir el tamaño
de las transacciones. Las transacciones que incluyen
demasiados datos pueden ralentizar el proceso de validación y
congestionar los bloques.

4.2.1. Compresión de transacciones

Una estrategia común es la **compresión de datos**. Mediante la compresión, se puede reducir la cantidad de espacio necesario para almacenar transacciones, lo que permite incluir más transacciones en cada bloque.

4.2.2. Ejemplo de compresión de datos

En Kotlin, podemos utilizar compresión para reducir el tamaño de las transacciones antes de incluirlas en un bloque. Aquí tienes un ejemplo básico de cómo comprimir y descomprimir transacciones:

```kotlin
kotlinCopiar códigoimport java.util.zip.Deflater
import java.util.zip.Inflater

fun comprimirDatos(datos: String): ByteArray {
    val deflater = Deflater()
    deflater.setInput(datos.toByteArray())
    deflater.finish()
    val buffer = ByteArray(1024)
    val length = deflater.deflate(buffer)
    return buffer.copyOf(length)
}

fun descomprimirDatos(datosComprimidos: ByteArray):
String {
    val inflater = Inflater()
    inflater.setInput(datosComprimidos)
    val buffer = ByteArray(1024)
    val length = inflater.inflate(buffer)
    return String(buffer, 0, length)
}
```

```kotlin
// Ejemplo de uso
val datos = "transacción 1"
val datosComprimidos = comprimirDatos(datos)
val datosOriginales =
descomprimirDatos(datosComprimidos)

println("Datos originales: $datosOriginales")
```

Este ejemplo muestra cómo puedes comprimir las transacciones para ahorrar espacio en cada bloque. Si bien es un ejemplo simple, en un entorno real podrías implementar compresión a nivel de red para mejorar el rendimiento general.

4.3. Creación de bloques más eficientes con Kotlin

La eficiencia en la creación de bloques no solo depende del tamaño y la velocidad, sino también de la **estructura de los datos**. Optimizar la estructura de un bloque puede reducir el tiempo de validación y mejorar el rendimiento de la blockchain.

4.3.1. Agrupación de transacciones

Una técnica común es agrupar las transacciones de manera eficiente para que los nodos puedan procesarlas más rápidamente. En lugar de validar transacción por transacción, el bloque puede agrupar las transacciones en lotes más grandes, lo que reduce el tiempo de procesamiento.

4.3.2. Árbol de Merkle

El **árbol de Merkle** es una estructura de datos que permite verificar la integridad de los datos en un bloque sin necesidad de procesar todas las transacciones. Esto es útil para mejorar la eficiencia en la validación de bloques grandes.

Veamos cómo implementar un árbol de Merkle en Kotlin:

```kotlin
kotlinCopiar códigofun
calcularMerkleRoot(transacciones: List<String>):
String {
    var listaHashes = transacciones.map {
it.hashCode().toString() }

    while (listaHashes.size > 1) {
        listaHashes = listaHashes.chunked(2) { chunk
->
            if (chunk.size == 2) {
                (chunk[0] +
chunk[1]).hashCode().toString()
            } else {
                chunk[0] // En caso de número impar,
tomamos el último elemento
            }
        }
    }

    return listaHashes.first()
}

// Ejemplo de uso
val transacciones = listOf("trans1", "trans2",
"trans3", "trans4")
val merkleRoot = calcularMerkleRoot(transacciones)
```

```
println("Merkle Root: $merkleRoot")
```

El árbol de Merkle reduce la cantidad de datos necesarios para validar el contenido de un bloque. Solo necesitas el **Merkle Root** para verificar que todas las transacciones del bloque son correctas, en lugar de procesar cada transacción individualmente.

4.4. Prácticas recomendadas en la optimización de bloques

Para lograr una optimización efectiva en la estructura de los bloques, es importante seguir ciertas prácticas recomendadas:

- **Limitar el tamaño del bloque**: Establecer un tamaño de bloque máximo razonable asegura que los bloques puedan ser procesados rápidamente sin congestionar la red.

- **Minimizar la latencia**: Ajustar el tiempo de creación de bloques para encontrar un equilibrio entre la velocidad y la seguridad, evitando bifurcaciones o colisiones de bloques.

- **Uso de árboles de Merkle**: Implementar árboles de Merkle no solo mejora la validación, sino que también facilita la verificación eficiente de grandes cantidades de datos en los bloques.

- **Compresión de transacciones**: Reducir el tamaño de las transacciones a través de la compresión permite incluir más transacciones en cada bloque, mejorando la eficiencia sin comprometer la seguridad.

Conclusión del Capítulo 4:

En este capítulo, hemos aprendido a **optimizar la estructura de los bloques** en una blockchain, lo que mejora el rendimiento general de la red. Desde ajustar el tamaño y la velocidad de los bloques, hasta implementar técnicas avanzadas como la compresión de transacciones y el uso de árboles de Merkle, todas estas estrategias ayudan a crear una blockchain más rápida y escalable. La optimización de los bloques es fundamental para el éxito a largo plazo de cualquier criptomoneda, ya que permite gestionar grandes volúmenes de transacciones sin afectar la eficiencia o la seguridad.

Capítulo 5: Implementación de Canales de Pago (Payment Channels)

Una de las mayores limitaciones de las blockchains tradicionales es su capacidad para gestionar un alto volumen de transacciones en tiempo real sin que la red se congestione. Los **canales de pago** (o **payment channels**) son una solución a este problema, ya que permiten realizar múltiples transacciones fuera de la blockchain principal, lo que reduce significativamente el tiempo de confirmación y las tarifas asociadas a cada transacción. En este capítulo, aprenderás cómo funcionan los canales de pago y cómo implementarlos en **Kotlin** para optimizar las transacciones y mejorar la escalabilidad de tu blockchain.

5.1. ¿Qué son los canales de pago y cómo funcionan?

Un **canal de pago** es una técnica de **segunda capa** que permite realizar transacciones rápidas y económicas fuera de la blockchain principal. Los canales de pago permiten que dos partes realicen múltiples transacciones entre sí sin necesidad de registrar cada transacción en la blockchain de inmediato. Solo la apertura y el cierre del canal se registran en la blockchain, lo que reduce la carga de la red.

5.1.1. Apertura y cierre de un canal

El proceso básico de un canal de pago incluye dos etapas principales:

- **Apertura del canal**: Las dos partes bloquean una cierta cantidad de fondos en la blockchain principal. Esto crea un "contrato" que establece cuántos fondos pueden ser utilizados en el canal de pago.

- **Transacciones off-chain**: Dentro del canal, las dos partes pueden realizar tantas transacciones como deseen, actualizando continuamente sus saldos fuera de la blockchain.

- **Cierre del canal**: Cuando las partes deciden cerrar el canal, el saldo final se registra en la blockchain, y los fondos restantes son transferidos de acuerdo a los últimos estados del saldo.

5.1.2. Beneficios de los canales de pago

- **Reducción de costos**: Como solo se registran las transacciones al abrir y cerrar el canal, las tarifas asociadas a cada transacción son mucho más bajas.

- **Mejora en la velocidad**: Las transacciones dentro del canal son instantáneas, ya que no dependen de la validación por parte de los mineros o nodos en la red principal.

- **Escalabilidad**: Los canales de pago permiten que la blockchain maneje más usuarios y transacciones sin congestionar la red principal.

5.2. Creación de un canal de pago en Kotlin

Implementar un canal de pago en **Kotlin** requiere un sistema que pueda gestionar el bloqueo de fondos, realizar transacciones fuera de la cadena y cerrar el canal cuando las partes lo decidan. A continuación, te muestro cómo puedes crear un canal de pago básico.

5.2.1. Implementación básica del canal de pago

Primero, implementaremos un canal simple en el que dos partes pueden realizar transacciones fuera de la blockchain y, al cerrarlo, actualizar los saldos en la cadena principal.

```
kotlinCopiar códigodata class Parte(val direccion:
String, var saldo: Double)

class CanalDePago(
    private val parteA: Parte,
```

```kotlin
    private val parteB: Parte
) {
    private var saldoParteA: Double = parteA.saldo
    private var saldoParteB: Double = parteB.saldo

    fun realizarTransaccion(deParteA: Boolean,
monto: Double) {
        if (deParteA) {
            if (saldoParteA >= monto) {
                saldoParteA -= monto
                saldoParteB += monto
                println("Transacción de Parte A a
Parte B por $monto. Nuevo saldo de Parte A:
$saldoParteA, Parte B: $saldoParteB")
            } else {
                println("Saldo insuficiente en Parte
A")
            }
        } else {
            if (saldoParteB >= monto) {
                saldoParteB -= monto
                saldoParteA += monto
                println("Transacción de Parte B a
Parte A por $monto. Nuevo saldo de Parte B:
$saldoParteB, Parte A: $saldoParteA")
            } else {
                println("Saldo insuficiente en Parte
B")
            }
        }
    }

    fun cerrarCanal() {
        parteA.saldo = saldoParteA
        parteB.saldo = saldoParteB
```

```
        println("Canal cerrado. Saldos finales ->
Parte A: ${parteA.saldo}, Parte B: ${parteB.saldo}")
    }
}


// Ejemplo de uso:
val parteA = Parte("Parte A", 100.0)
val parteB = Parte("Parte B", 50.0)

val canalDePago = CanalDePago(parteA, parteB)
canalDePago.realizarTransaccion(deParteA = true,
monto = 20.0)
canalDePago.realizarTransaccion(deParteA = false,
monto = 10.0)
canalDePago.cerrarCanal()
```

En este ejemplo, las dos partes (Parte A y Parte B) abren un canal con sus respectivos saldos. Durante la vigencia del canal, pueden realizar transacciones sin registrarlas en la blockchain. Al cerrar el canal, los saldos finales se actualizan.

5.3. Optimización de las microtransacciones

Uno de los casos de uso más comunes para los canales de pago es el manejo de **microtransacciones**. Debido a las tarifas de transacción en la blockchain principal, es poco práctico procesar pequeñas cantidades de dinero directamente en la cadena. Sin embargo, los canales de pago permiten que estas transacciones se realicen de manera eficiente.

5.3.1. Ejemplo de microtransacciones

Imaginemos un escenario donde un usuario paga pequeñas cantidades a un proveedor de servicios por el uso de recursos. Usando un canal de pago, pueden realizar microtransacciones continuas sin congestionar la red principal.

```kotlin
kotlinCopiar códigofun
realizarMicroTransacciones(canal: CanalDePago,
cantidadTransacciones: Int, montoPorTransaccion:
Double) {
    repeat(cantidadTransacciones) {
        canal.realizarTransaccion(deParteA = true,
monto = montoPorTransaccion)
    }
}

// Ejemplo de uso:
realizarMicroTransacciones(canalDePago, 5, 1.0)  //
5 microtransacciones de 1 unidad cada una
canalDePago.cerrarCanal()
```

En este ejemplo, Parte A realiza 5 microtransacciones de 1 unidad cada una dentro del canal de pago. Las transacciones son rápidas y no generan costos adicionales, ya que no necesitan ser confirmadas en la blockchain principal hasta que se cierra el canal.

5.4. Casos de uso de los canales de pago

Los **canales de pago** tienen aplicaciones en una amplia gama de escenarios. A continuación, se describen algunos de los casos de uso más relevantes:

5.4.1. Red Lightning de Bitcoin

La **Red Lightning** es quizás el caso más conocido de implementación de canales de pago. Permite que las transacciones de Bitcoin se realicen fuera de la cadena, mejorando drásticamente la velocidad y reduciendo las tarifas de transacción.

5.4.2. Streaming de pagos

Los canales de pago también pueden utilizarse para **streaming de pagos**, donde los usuarios realizan pagos constantes y pequeños en tiempo real, como pagar por el uso de ancho de banda o contenido en plataformas de streaming.

5.4.3. Juegos en línea y micropagos

En los **juegos en línea**, los jugadores a menudo realizan pequeñas transacciones por bienes virtuales o ventajas dentro del juego. Los canales de pago permiten que estas transacciones sean instantáneas y sin las tarifas altas asociadas a las cadenas de bloques.

Conclusión del Capítulo 5:

Los **canales de pago** son una solución efectiva para mejorar la escalabilidad y reducir los costos en redes blockchain, especialmente en el manejo de microtransacciones. A través de este capítulo, hemos aprendido cómo funcionan los canales de pago, cómo implementarlos en **Kotlin**, y cómo aplicarlos en situaciones del mundo real, desde micropagos hasta grandes volúmenes de transacciones fuera de la cadena. A medida que las redes blockchain crecen, los canales de pago se volverán una herramienta esencial para asegurar que las criptomonedas puedan manejar grandes volúmenes de usuarios y transacciones sin congestionar la red principal.

Capítulo 6: Escalabilidad en Redes Blockchain

Uno de los desafíos más grandes en el desarrollo de blockchains es la **escalabilidad**: la capacidad de manejar un número creciente de transacciones de manera eficiente sin sacrificar la velocidad o la seguridad. A medida que más usuarios se unen a una red blockchain, la infraestructura debe ser capaz de procesar mayores volúmenes de datos, manteniendo tiempos de confirmación cortos y tarifas bajas. En este capítulo, exploraremos los desafíos de la escalabilidad en las blockchains y las soluciones avanzadas que permiten mejorar el rendimiento de la red, como el **sharding** y las **soluciones de segunda capa**.

6.1. Desafíos de la escalabilidad en blockchains

Las blockchains, por diseño, están construidas para ser seguras y descentralizadas, pero estos beneficios vienen con ciertas limitaciones. A medida que las redes crecen, la capacidad para procesar transacciones de manera rápida y eficiente se ve afectada. A continuación, analizamos algunos de los desafíos clave que enfrentan las blockchains cuando intentan escalar.

6.1.1. Limitaciones de capacidad

En redes blockchain populares como **Bitcoin** y **Ethereum**, el número de transacciones que se pueden procesar por segundo es limitado debido al tamaño de los bloques y al tiempo que lleva minar o validar cada bloque. Esto puede causar retrasos en la confirmación de transacciones durante períodos de alta demanda.

6.1.2. Costos crecientes

Cuando una blockchain se congestiona, las tarifas de transacción tienden a aumentar. Los usuarios deben competir para que sus transacciones sean procesadas rápidamente, lo que puede hacer que los costos de operar en la red se disparen, limitando su accesibilidad.

6.1.3. Latencia en la propagación de bloques

Con más nodos en la red, la propagación de los bloques se vuelve más lenta, ya que los nodos deben compartir y validar la información. Esto puede provocar bifurcaciones y desincronización en la red.

6.2. Soluciones de escalabilidad: Sharding y L2

Para abordar los desafíos de la escalabilidad, se han desarrollado varias soluciones avanzadas. En esta sección, exploraremos dos de las soluciones más prometedoras: **sharding** y las **soluciones de segunda capa**.

6.2.1. Sharding

El **sharding** es una técnica que divide una blockchain en
fragmentos más pequeños (shards), cada uno de los cuales
contiene su propio conjunto de transacciones y es validado de
manera independiente. Esto reduce la carga de procesamiento
en la red al distribuir las transacciones entre varios fragmentos
en lugar de procesar todo en una sola cadena.

Cómo funciona el sharding

- **División de datos**: La blockchain se divide en múltiples
  shards, y cada shard procesa su propio conjunto de
  transacciones. Cada nodo solo necesita procesar y
  almacenar una parte de la blockchain.
- **Validación paralela**: Los shards pueden validar bloques
  simultáneamente, lo que aumenta significativamente la
  capacidad de la red para procesar transacciones.
- **Comunicación entre shards**: Los shards se comunican
  entre sí a través de un mecanismo de coordinación para
  garantizar que las transacciones entre diferentes shards se
  procesen correctamente.

Ejemplo de sharding en Kotlin

Aunque implementar un sistema completo de sharding es
complejo, podemos visualizar cómo se podría dividir una
blockchain en shards en **Kotlin**:

```kotlin
kotlinCopiar códigodata class Transaccion(val id:
String, val monto: Double)

class Shard(val id: Int) {
```

```kotlin
    val transacciones = mutableListOf<Transaccion>()

    fun agregarTransaccion(transaccion: Transaccion)
{
        transacciones.add(transaccion)
        println("Transacción ${transaccion.id}
agregada al Shard $id")
    }
}

class BlockchainSharded {
    private val shards = mutableListOf<Shard>()

    init {
        for (i in 1..3) {  // Creamos 3 shards
            shards.add(Shard(i))
        }
    }

    fun asignarTransaccion(transaccion: Transaccion)
{
        val shardId = transaccion.id.hashCode() %
shards.size

shards[shardId].agregarTransaccion(transaccion)
    }
}

// Ejemplo de uso:
val blockchain = BlockchainSharded()
blockchain.asignarTransaccion(Transaccion("tx1",
50.0))
blockchain.asignarTransaccion(Transaccion("tx2",
100.0))
```

```
blockchain.asignarTransaccion(Transaccion("tx3",
25.0))
```

En este ejemplo, las transacciones se distribuyen entre tres shards de forma paralela, lo que reduce la carga de procesamiento para cada nodo.

6.2.2. Soluciones de segunda capa (L2)

Las **soluciones de segunda capa** son tecnologías que operan sobre la blockchain principal (capa 1) para mejorar la velocidad y reducir los costos de las transacciones. Estas soluciones permiten realizar transacciones fuera de la blockchain principal y luego registrar solo un resumen o un conjunto de transacciones en la cadena.

Tipos de soluciones de segunda capa

- **Canales de pago**: Como vimos en el capítulo anterior, los canales de pago permiten realizar múltiples transacciones entre dos partes fuera de la blockchain principal, registrando solo la apertura y el cierre del canal.

- **Rollups**: Los **rollups** agrupan varias transacciones en una sola y las envían a la blockchain principal como una única transacción. Hay dos tipos principales de rollups: **optimistic rollups** y **zk-rollups**.

Ejemplo de rollup básico en Kotlin

Aquí tienes un ejemplo simple de cómo se podría implementar un sistema de rollups para agrupar transacciones antes de enviarlas a la blockchain principal:

```
kotlinCopiar códigoclass Rollup {
```

```kotlin
    val transacciones = mutableListOf<Transaccion>()

    fun agregarTransaccion(transaccion: Transaccion)
{
        transacciones.add(transaccion)
    }

    fun enviarABlockchain() {
        val resumen = transacciones.joinToString {
it.id }
        println("Enviando resumen de transacciones a
la blockchain: $resumen")
        transacciones.clear()  // Limpiar el rollup
después de enviarlo
    }
}

// Ejemplo de uso:
val rollup = Rollup()
rollup.agregarTransaccion(Transaccion("tx4", 75.0))
rollup.agregarTransaccion(Transaccion("tx5", 50.0))
rollup.enviarABlockchain()
```

En este ejemplo, el rollup agrupa varias transacciones y luego envía un solo resumen a la blockchain principal, lo que reduce la cantidad de datos que se deben procesar y registrar en la red principal.

6.3. Implementación de soluciones de escalabilidad en Kotlin

Ahora que hemos explorado las soluciones teóricas para la escalabilidad, veamos cómo podemos implementar algunas de ellas en **Kotlin**. A continuación, exploramos la implementación de canales de pago y sharding para mejorar el rendimiento de una blockchain.

6.3.1. Sharding

Como vimos anteriormente, el sharding distribuye las transacciones entre diferentes nodos, lo que reduce la carga sobre cada uno. Aquí te muestro cómo puedes distribuir transacciones entre shards de manera más avanzada, asegurando que cada nodo valide solo una porción de la blockchain.

6.3.2. Canales de pago

Los **canales de pago** son otra técnica crucial para la escalabilidad. En el capítulo anterior, implementamos canales básicos, pero podemos mejorarlos agregando funcionalidades como la verificación automatizada y la posibilidad de agregar varios usuarios en un canal.

6.4. Pruebas de rendimiento y benchmarking

Una parte crucial de cualquier solución de escalabilidad es **probar** y **medir** su efectividad. El **benchmarking** es el proceso de probar diferentes configuraciones y soluciones para ver cómo afectan el rendimiento de la red. A continuación, describimos algunas métricas clave para evaluar la escalabilidad de tu blockchain.

6.4.1. Transacciones por segundo (TPS)

Una métrica importante para medir la escalabilidad es la cantidad de **transacciones por segundo (TPS)** que puede manejar la red. A medida que implementas soluciones como sharding o canales de pago, debes medir el impacto en esta métrica.

6.4.2. Latencia de confirmación

La **latencia de confirmación** mide cuánto tiempo tarda una transacción en ser validada y confirmada en la blockchain. Al probar diferentes soluciones de escalabilidad, es importante asegurarse de que no aumenten la latencia.

6.4.3. Costo por transacción

Otra métrica importante es el **costo por transacción**. Si bien algunas soluciones mejoran el rendimiento, pueden aumentar los costos para los usuarios. El objetivo es encontrar un equilibrio entre escalabilidad, velocidad y costos.

Conclusión del Capítulo 6:
La **escalabilidad** es uno de los mayores desafíos que enfrentan las blockchains modernas. Las soluciones como el **sharding** y las **soluciones de segunda capa** ofrecen formas prometedoras de aumentar la capacidad de la red sin comprometer la seguridad o la descentralización. A medida que las redes blockchain crecen y se adoptan en sectores más amplios, la capacidad de escalar será crucial para su éxito a largo plazo.

Capítulo 7: Seguridad Avanzada en Blockchains

La **seguridad** es uno de los pilares fundamentales en el desarrollo de una blockchain. Mientras las redes crecen y se vuelven más complejas, las vulnerabilidades también aumentan. En este capítulo, exploraremos técnicas avanzadas de seguridad para proteger tu blockchain contra ataques y garantizar la integridad de los datos y las transacciones. Desde el uso de criptografía avanzada hasta la detección de ataques y auditorías de seguridad, aprenderás cómo mantener tu red segura en todo momento.

7.1. Cómo proteger tu blockchain contra ataques

Una blockchain segura debe protegerse contra una amplia gama de amenazas, desde ataques de denegación de servicio hasta manipulaciones de transacciones. A continuación, revisamos algunas de las amenazas más comunes y cómo puedes proteger tu red de ellas.

7.1.1. Ataques del 51%

Uno de los ataques más conocidos en blockchains basadas en **Proof of Work (PoW)** es el ataque del 51%. En este tipo de ataque, si un grupo de mineros controla más del 51% del poder de cómputo, puede tomar control de la red, revertir transacciones y crear bifurcaciones de la cadena.

Cómo prevenirlo:

- **Distribuir el poder de minado**: Evitar la centralización del poder de minado mediante incentivos para que más nodos participen en la validación de bloques.

- **Cambiar a Proof of Stake (PoS)**: Las blockchains que utilizan **Proof of Stake (PoS)** son menos vulnerables a este tipo de ataque, ya que los validadores son seleccionados en función de la cantidad de criptomonedas que tienen en juego.

7.1.2. Ataques de doble gasto

El **doble gasto** es cuando un atacante intenta gastar la misma moneda o criptomoneda en dos transacciones diferentes. Si no se detecta, esto puede provocar un colapso en la confianza de la red.

Cómo prevenirlo:

- **Confirmaciones múltiples**: Aumentar el número de confirmaciones requeridas para que una transacción sea considerada válida.

- **Algoritmos de consenso seguros**: Implementar algoritmos de consenso robustos que verifiquen la unicidad de cada transacción antes de incluirla en un bloque.

7.1.3. Ataques de Sybil

En un ataque de **Sybil**, un atacante intenta inundar la red con múltiples nodos falsos para manipular la validación de transacciones o controlar las decisiones de consenso.

Cómo prevenirlo:

- **Requisitos de participación**: Implementar barreras para la entrada de nuevos nodos, como staking (Proof of Stake) o verificaciones de identidad.

- **Verificación de nodos**: Utilizar procesos de verificación descentralizados para asegurar que los nodos son legítimos.

7.2. Uso de criptografía avanzada para la seguridad

La **criptografía** es la base de la seguridad en las blockchains. Si bien todas las blockchains modernas utilizan criptografía para asegurar sus transacciones, hay técnicas avanzadas que pueden fortalecer aún más la red. En esta sección, exploraremos algunas de las herramientas más potentes que puedes implementar.

7.2.1. Firmas digitales

Las **firmas digitales** garantizan que una transacción haya sido realizada por el propietario de una clave privada. La mayoría de las blockchains utilizan algoritmos como **ECDSA (Elliptic Curve Digital Signature Algorithm)** para generar firmas seguras.

Implementación de firmas digitales en Kotlin

```
kotlinCopiar códigoimport
java.security.KeyPairGenerator
import java.security.Signature

fun generarParDeClaves(): KeyPairGenerator {
```

```kotlin
    val keyGen = KeyPairGenerator.getInstance("EC")
    keyGen.initialize(256)
    return keyGen
}


fun firmarDatos(datos: ByteArray, clavePrivada:
java.security.PrivateKey): ByteArray {
    val firma =
Signature.getInstance("SHA256withECDSA")
    firma.initSign(clavePrivada)
    firma.update(datos)
    return firma.sign()
}

fun verificarFirma(datos: ByteArray, firmaDatos:
ByteArray, clavePublica: java.security.PublicKey):
Boolean {
    val firma =
Signature.getInstance("SHA256withECDSA")
    firma.initVerify(clavePublica)
    firma.update(datos)
    return firma.verify(firmaDatos)
}

// Ejemplo de uso
val keyPair = generarParDeClaves().genKeyPair()
val datos = "Transacción segura".toByteArray()
val firma = firmarDatos(datos, keyPair.private)
val esValido = verificarFirma(datos, firma,
keyPair.public)

println("¿Firma válida? $esValido")
```

Este ejemplo muestra cómo generar un par de claves, firmar datos y verificar la autenticidad de una firma utilizando criptografía de curva elíptica.

7.2.2. Zero-Knowledge Proofs (ZKPs)

Las **Zero-Knowledge Proofs (pruebas de conocimiento cero)** son una técnica criptográfica que permite que una parte pruebe a otra que posee cierta información sin revelar qué es esa información. Esto es especialmente útil en blockchains para mantener la privacidad de las transacciones.

Cómo funciona una ZKP:

- **Probar sin revelar**: En lugar de revelar toda la información sobre una transacción, una ZKP permite que una parte demuestre que una transacción es válida sin revelar los detalles de la misma.
- **Aplicaciones**: ZKPs son populares en proyectos como **Zcash**, que utiliza ZK-SNARKs para permitir transacciones anónimas en su blockchain.

7.3. Detección y mitigación de ataques

La detección temprana de ataques en una red blockchain es crucial para mitigar el daño. Aquí exploramos algunas estrategias para identificar amenazas y cómo responder a ellas rápidamente.

7.3.1. Monitoreo en tiempo real

El **monitoreo en tiempo real** permite detectar anomalías en la red, como patrones inusuales de transacciones o intentos de comprometer nodos. Herramientas como **SIEM (Security Information and Event Management)** pueden integrarse para rastrear eventos de seguridad.

7.3.2. Algoritmos de detección de anomalías

Los **algoritmos de detección de anomalías** son programas que utilizan inteligencia artificial y aprendizaje automático para identificar comportamientos anómalos en la red. A medida que aprenden el comportamiento normal de la red, pueden detectar cuando algo fuera de lo común ocurre.

Ejemplo básico de detección de anomalías en Kotlin

```kotlin
kotlinCopiar códigofun
detectarAnomalias(transacciones: List<Double>):
Boolean {
    val promedio = transacciones.average()
    val desviacionEstandar =
Math.sqrt(transacciones.map { Math.pow(it -
promedio, 2.0) }.average())

    // Consideramos una transacción como anómala si
está más allá de 3 desviaciones estándar
    return transacciones.any { Math.abs(it -
promedio) > 3 * desviacionEstandar }
}

// Ejemplo de uso
val transacciones = listOf(100.0, 102.0, 101.0,
5000.0)  // La última transacción es una anomalía
val anomaliaDetectada =
detectarAnomalias(transacciones)
println("¿Anomalía detectada? $anomaliaDetectada")
```

Este código detecta transacciones fuera del rango normal usando la desviación estándar, un método simple pero efectivo para detectar irregularidades en los patrones de transacciones.

7.4. Auditorías de seguridad y contratos inteligentes seguros

Los **contratos inteligentes** son particularmente vulnerables a los ataques, ya que su código es público y cualquier vulnerabilidad puede ser explotada. Realizar auditorías de seguridad es fundamental para garantizar que estos contratos sean seguros antes de ser desplegados en la blockchain.

7.4.1. Auditorías de código

Las **auditorías de código** consisten en revisar exhaustivamente el código de un contrato inteligente para identificar errores lógicos, vulnerabilidades de seguridad y posibles áreas de mejora. Estas auditorías deben ser realizadas por equipos independientes para asegurar la imparcialidad.

7.4.2. Pruebas de contratos inteligentes

Es crucial probar exhaustivamente los contratos inteligentes antes de desplegarlos. Se deben utilizar **frameworks de prueba** que simulen diferentes escenarios y ataques potenciales para asegurarse de que el contrato funcione como se espera.

Frameworks populares para la prueba de contratos inteligentes:

- **Truffle** (para Solidity)
- **Hardhat** (para Ethereum)
- **Embark** (para aplicaciones descentralizadas)

Conclusión del Capítulo 7:

La seguridad en blockchains es un proceso continuo que requiere una combinación de buenas prácticas criptográficas, detección de amenazas en tiempo real y auditorías constantes. En este capítulo, hemos explorado cómo proteger una red blockchain contra los ataques más comunes, cómo utilizar herramientas avanzadas de criptografía como ZKPs, y la importancia de auditar y probar contratos inteligentes antes de su despliegue. A medida que las redes blockchain crecen y se vuelven más complejas, garantizar su seguridad será una de las tareas más importantes para los desarrolladores y administradores de estas redes.

Capítulo 8: Interoperabilidad y Comunicación entre Blockchains

A medida que el ecosistema blockchain se expande, se están desarrollando múltiples cadenas con diferentes propósitos y características. Sin embargo, una de las principales limitaciones actuales es la falta de **interoperabilidad**: la capacidad de diferentes blockchains de comunicarse entre sí de manera fluida y segura. En este capítulo, exploraremos qué es la interoperabilidad, cómo se pueden conectar diferentes redes blockchain, y algunos casos de uso donde la interoperabilidad juega un papel crucial. Además, veremos cómo implementar la comunicación entre blockchains utilizando **Kotlin**.

8.1. ¿Qué es la interoperabilidad entre blockchains?

La **interoperabilidad** entre blockchains se refiere a la capacidad de diferentes redes para intercambiar información y activos entre sí de manera confiable. En la actualidad, la mayoría de las blockchains operan de forma aislada, lo que significa que no pueden interactuar directamente con otras cadenas. Esto crea desafíos cuando los usuarios desean mover activos o datos entre diferentes redes.

8.1.1. Importancia de la interoperabilidad

La interoperabilidad es importante porque:

- **Facilita la transferencia de valor**: Los usuarios pueden mover sus activos entre diferentes blockchains sin necesidad de depender de intermediarios.

- **Permite la creación de aplicaciones descentralizadas más robustas**: Las aplicaciones que utilizan múltiples blockchains pueden beneficiarse de las características únicas de cada red, como la velocidad, seguridad o escalabilidad.

- **Impulsa la adopción masiva**: Cuando las blockchains pueden interactuar sin problemas, se hace más fácil para los usuarios aprovechar los beneficios de diferentes redes.

8.2. Protocolos de comunicación entre diferentes redes

Existen varios enfoques para habilitar la interoperabilidad entre blockchains. A continuación, exploramos algunos de los **protocolos** y **mecanismos** más comunes para habilitar la comunicación entre cadenas.

8.2.1. Cross-chain bridges (puentes entre cadenas)

Los **puentes entre cadenas** son una de las soluciones más comunes para la interoperabilidad. Un puente actúa como una conexión entre dos blockchains, permitiendo que los activos o datos se transfieran de una red a otra.

Cómo funcionan los puentes entre cadenas

1. **Bloqueo de activos**: Los activos que se desean transferir se bloquean en una blockchain.
2. **Generación de un activo equivalente**: Se crea un activo equivalente en la otra blockchain que representa los activos bloqueados.
3. **Transacción en la nueva cadena**: Los usuarios pueden utilizar los activos en la nueva blockchain como si fueran los originales.

Ejemplo: **Wrapped Bitcoin (WBTC)** es un token en la red Ethereum que representa Bitcoin, permitiendo que los usuarios transfieran BTC a Ethereum y lo usen en aplicaciones descentralizadas (DApps).

8.2.2. Atomic swaps

Los **atomic swaps** son una tecnología que permite el intercambio de criptomonedas entre diferentes blockchains sin la necesidad de un intermediario central. Esto se logra mediante contratos inteligentes que garantizan que el intercambio ocurra simultáneamente en ambas cadenas o no ocurra en absoluto.

Cómo funcionan los atomic swaps

- Se utiliza un contrato inteligente en ambas blockchains para garantizar que ambas partes depositen los activos.
- Si ambas partes cumplen con las condiciones del intercambio, los activos se liberan automáticamente.
- Si no se cumplen las condiciones, los activos se devuelven a sus propietarios.

8.2.3. Protocolo Inter-Blockchain Communication (IBC)

El **protocolo IBC** es un estándar que permite la comunicación entre diferentes blockchains que cumplen con ciertas especificaciones. Este protocolo es utilizado por blockchains como **Cosmos** y permite que las cadenas intercambien mensajes, activos o información de manera confiable.

8.3. Integración de tu blockchain con otras plataformas

Uno de los mayores desafíos para los desarrolladores es crear blockchains que puedan interactuar con otras redes de manera eficiente. A continuación, exploramos cómo puedes **integrar** tu blockchain con plataformas populares como **Ethereum** y

Cosmos.

8.3.1. Ethereum y ERC-20 tokens

Ethereum es una de las blockchains más populares debido a su flexibilidad y su capacidad para crear **contratos inteligentes** y **tokens ERC-20**. Integrar tu blockchain con Ethereum permite a los usuarios transferir activos entre las dos redes y aprovechar las DApps y servicios de Ethereum.

Ejemplo de integración con tokens ERC-20

```kotlin
kotlinCopiar códigoclass ERC20Token(val nombre:
String, val simbolo: String, var totalSuministro:
Double) {
    private val balances = mutableMapOf<String,
Double>()

    fun transferir(desde: String, hacia: String,
monto: Double): Boolean {
        if (balances[desde] ?: 0.0 >= monto) {
            balances[desde] =
balances[desde]?.minus(monto) ?: 0.0
            balances[hacia] =
balances[hacia]?.plus(monto) ?: monto
            println("Transferencia exitosa de $monto
$simbolo de $desde a $hacia")
            return true
        } else {
            println("Saldo insuficiente")
            return false
        }
    }

    fun obtenerSaldo(direccion: String): Double {
```

```
        return balances[direccion] ?: 0.0
    }

    fun agregarSuministro(direccion: String, monto:
Double) {
        balances[direccion] =
balances[direccion]?.plus(monto) ?: monto
        totalSuministro += monto
    }
}

// Ejemplo de uso
val tokenERC20 = ERC20Token("TokenPrueba", "TPR",
1000.0)
tokenERC20.agregarSuministro("Usuario1", 500.0)
tokenERC20.transferir("Usuario1", "Usuario2", 100.0)
println("Saldo de Usuario2:
${tokenERC20.obtenerSaldo("Usuario2")}")
```

En este ejemplo, hemos implementado un token básico similar a un **ERC-20 token** que permite realizar transferencias entre usuarios. Este tipo de token es común en Ethereum, y su integración en tu blockchain puede habilitar interoperabilidad con las DApps y contratos inteligentes de la red Ethereum.

8.3.2. Cosmos y Protocolo IBC

Cosmos es una red que permite a múltiples blockchains independientes interactuar entre sí utilizando el **protocolo IBC**. Al integrar tu blockchain con Cosmos, puedes habilitar la transferencia de activos y datos entre cadenas sin necesidad de intermediarios centralizados.

Implementación de integración con Cosmos

Si deseas integrar tu blockchain con Cosmos, deberás asegurarte de que cumpla con los requisitos del **protocolo IBC**. Esto implica implementar ciertas reglas de comunicación y validación que permitan la interoperabilidad entre las cadenas.

8.4. Casos de uso y desafíos de la interoperabilidad

La interoperabilidad entre blockchains está transformando el ecosistema cripto y abriendo nuevas posibilidades. A continuación, revisamos algunos de los casos de uso más relevantes y los desafíos que enfrentan las redes al intentar conectarse entre sí.

8.4.1. Casos de uso

- **Transferencia de activos entre cadenas**: Los usuarios pueden mover activos entre diferentes blockchains (por ejemplo, de Bitcoin a Ethereum) sin necesidad de depender de un intercambio centralizado.

- **Aplicaciones descentralizadas multi-chain**: Las DApps pueden aprovechar las características únicas de diferentes redes blockchain para ofrecer servicios más robustos y flexibles.

- **Sistemas de pago entre cadenas**: Las soluciones de pago que permiten el uso de múltiples criptomonedas en diferentes blockchains son un avance clave en la adopción masiva de las criptomonedas.

8.4.2. Desafíos de la interoperabilidad

- **Seguridad**: La creación de puentes entre diferentes blockchains introduce nuevos riesgos de seguridad. Si un puente es comprometido, los activos en ambas cadenas pueden estar en peligro.

- **Estandarización**: No todas las blockchains son compatibles entre sí, y la falta de estándares universales para la interoperabilidad sigue siendo un obstáculo.

- **Latencia**: La transferencia de activos entre cadenas puede ser lenta si las blockchains tienen tiempos de bloque largos o si los protocolos de comunicación no están optimizados.

Conclusión del Capítulo 8:

La **interoperabilidad** es esencial para el futuro del ecosistema blockchain. A medida que más blockchains surgen con diferentes enfoques y características, la capacidad de conectarse entre ellas será crucial para garantizar la adopción masiva y el éxito a largo plazo de la tecnología blockchain. En este capítulo, hemos explorado diferentes soluciones de interoperabilidad, como los **puentes entre cadenas**, los **atomic swaps** y el **protocolo IBC**, y hemos visto cómo integrar tu blockchain con redes como **Ethereum** y **Cosmos** utilizando **Kotlin**.

Capítulo 9: Mejores Prácticas y Futuras Tendencias

A lo largo de este libro, hemos explorado diversos aspectos técnicos avanzados para el desarrollo de criptomonedas y blockchains, desde la optimización hasta la interoperabilidad. En este último capítulo, vamos a recopilar algunas de las **mejores prácticas** que te ayudarán a crear una blockchain sólida y escalable, junto con un vistazo a las **tendencias futuras** que están emergiendo en el mundo de las criptomonedas y la tecnología blockchain. Estas tendencias definirán el futuro del desarrollo blockchain y guiarán a los próximos innovadores en su camino.

9.1. Lecciones aprendidas en la optimización de blockchains

La optimización es un proceso constante en el desarrollo de blockchains. A continuación, recapitulamos algunas de las lecciones más importantes que hemos aprendido a lo largo de este libro sobre cómo mejorar el rendimiento y la eficiencia de las redes blockchain.

9.1.1. El equilibrio entre seguridad y escalabilidad

Una de las principales tensiones en el diseño de blockchains es encontrar el equilibrio entre **seguridad** y **escalabilidad**. Soluciones como **Proof of Work (PoW)** ofrecen alta seguridad, pero sacrifican la escalabilidad, mientras que mecanismos más modernos como **Proof of Stake (PoS)** mejoran la eficiencia, pero presentan nuevos desafíos de seguridad. La clave es seleccionar el algoritmo que mejor se adapte a las necesidades de tu red, considerando el número de usuarios, la cantidad de transacciones y el propósito de la blockchain.

9.1.2. Optimización constante del tamaño de los bloques

A medida que la red crece, la **optimización del tamaño de los bloques** es esencial para asegurar que las transacciones se confirmen rápidamente sin congestionar la red. Esto incluye la implementación de tecnologías como la **compresión de transacciones** y el uso de **árboles de Merkle** para la verificación rápida de transacciones.

9.1.3. Importancia de la seguridad

A lo largo de los capítulos, hemos visto cómo la **seguridad** juega un papel fundamental en el desarrollo de blockchains. Desde la protección contra ataques del 51% hasta la implementación de contratos inteligentes seguros, una blockchain debe estar protegida a nivel criptográfico y de código. Auditar regularmente los contratos y revisar el código en busca de vulnerabilidades son prácticas cruciales para mantener la seguridad de la red.

9.2. El futuro de los contratos inteligentes

Los **contratos inteligentes** han revolucionado la forma en que se ejecutan acuerdos y transacciones en la blockchain. Sin embargo, todavía hay mucho por explorar en su evolución futura. A continuación, destacamos algunas tendencias y mejoras que podrían definir el futuro de los contratos inteligentes.

9.2.1. Contratos inteligentes automatizados

A medida que la tecnología avance, veremos una mayor automatización en los contratos inteligentes. En lugar de que los contratos sean activados manualmente o mediante eventos externos, los desarrolladores están trabajando en formas de automatizar contratos basados en datos en tiempo real, como la inteligencia artificial o el Internet de las Cosas (IoT).

9.2.2. Contratos más seguros y privados

Los **contratos inteligentes** actuales son a menudo públicos y, aunque esto es beneficioso para la transparencia, también expone vulnerabilidades. En el futuro, los **contratos inteligentes privados** permitirán que las transacciones y acuerdos se realicen de manera confidencial, sin exponer detalles a toda la red. Las tecnologías como **Zero-Knowledge Proofs (ZKP)** jugarán un papel clave en este aspecto.

9.3. Tendencias emergentes en criptomonedas avanzadas

El mundo de las criptomonedas está en constante evolución, y a continuación exploramos algunas de las tendencias emergentes que probablemente impactarán el ecosistema en los próximos años.

9.3.1. Finanzas descentralizadas (DeFi)

Las **finanzas descentralizadas** o **DeFi** han tomado el mundo blockchain por asalto, permitiendo a los usuarios acceder a servicios financieros como préstamos, ahorros y seguros sin intermediarios. En el futuro, veremos una mayor integración de

DeFi en blockchains fuera de Ethereum, lo que democratizará aún más el acceso a servicios financieros en todo el mundo.

9.3.2. Tokenización de activos

La **tokenización** de activos del mundo real, como propiedades, arte o acciones, es una tendencia creciente. Al representar activos tangibles como tokens en la blockchain, los usuarios pueden comprar, vender y comerciar activos que antes eran inaccesibles para muchas personas. La tokenización reducirá las barreras para la inversión y abrirá nuevos mercados.

9.3.3. Criptomonedas estables

Las **stablecoins** o criptomonedas estables están diseñadas para mantener su valor vinculado a un activo de reserva, como una moneda fiat. En el futuro, las **stablecoins** jugarán un papel clave en la adopción masiva de las criptomonedas, ya que proporcionan una alternativa menos volátil que las criptomonedas tradicionales como Bitcoin o Ethereum.

9.4. La evolución de Kotlin en el mundo blockchain

A lo largo de este libro, hemos utilizado **Kotlin** para desarrollar diversas funcionalidades avanzadas en blockchains. Si bien Kotlin ha sido tradicionalmente un lenguaje de programación más asociado con el desarrollo de aplicaciones Android, su versatilidad y simplicidad están empezando a ganar tracción en el espacio blockchain.

9.4.1. Kotlin y el futuro de los contratos inteligentes

Kotlin, por su flexibilidad y claridad, puede ser una opción para desarrollar contratos inteligentes en plataformas que permitan un enfoque multi-lenguaje. A medida que surjan nuevas plataformas blockchain que no dependan exclusivamente de lenguajes como **Solidity**, Kotlin podría convertirse en un lenguaje más común para el desarrollo de **smart contracts**, especialmente en blockchains interoperables.

9.4.2. Expansión de Kotlin hacia nuevas plataformas

El futuro de Kotlin en blockchain también depende de su adopción en nuevas plataformas. Con la popularización de frameworks como **Kotlin Multiplatform**, que permite el desarrollo de aplicaciones para diversas plataformas (incluyendo la blockchain), es posible que Kotlin vea una mayor adopción en el desarrollo descentralizado.

Conclusión del Capítulo 9:

Este último capítulo ha resumido las **mejores prácticas** que hemos aprendido a lo largo del libro, destacando la importancia de la optimización, la seguridad y la escalabilidad en el desarrollo de blockchains. Además, hemos explorado algunas de las **tendencias emergentes** que transformarán el futuro de las criptomonedas y la blockchain, desde las finanzas descentralizadas hasta la tokenización de activos del mundo real. Finalmente, hemos visto cómo **Kotlin** está posicionándose como una herramienta poderosa para el desarrollo blockchain, con un futuro prometedor en este espacio en constante evolución.

Este es solo el comienzo de lo que puedes lograr con las **criptomonedas avanzadas** y **Kotlin**. A medida que continúas aprendiendo y experimentando con estas tecnologías, estarás preparado para aprovechar las oportunidades que surgen en este emocionante campo.

Apéndice A: Recursos Adicionales

En este apéndice, proporcionamos una lista de **recursos adicionales** que te ayudarán a profundizar en los conceptos tratados a lo largo de este libro. Estos libros, artículos, herramientas y bibliotecas son esenciales para seguir avanzando en el mundo del desarrollo blockchain y la creación de criptomonedas con Kotlin.

A.1. Libros y artículos recomendados sobre blockchain y criptomonedas

Aquí encontrarás una selección de libros y artículos fundamentales para aprender más sobre el mundo de la blockchain y las criptomonedas, desde los fundamentos hasta técnicas avanzadas.

Libros:

- **Mastering Bitcoin** por Andreas M. Antonopoulos
  Un clásico sobre Bitcoin y la tecnología blockchain. Este libro es una excelente introducción para comprender el funcionamiento interno de las criptomonedas.

- **Mastering Ethereum** por Andreas M. Antonopoulos y Gavin Wood
  Este libro es ideal para aquellos interesados en aprender sobre Ethereum y los contratos inteligentes. Aborda en detalle cómo desarrollar aplicaciones descentralizadas (DApps).

- **Blockchain Basics: A Non-Technical Introduction in 25 Steps** por Daniel Drescher
  Perfecto para quienes buscan una comprensión clara y no técnica del mundo blockchain. Este libro desglosa los conceptos de una manera fácil de entender.

- **The Age of Cryptocurrency** por Paul Vigna y Michael J. Casey
  Explora cómo las criptomonedas están cambiando el mundo financiero y qué significa esto para el futuro de la economía global.

Artículos recomendados:

- **"A Next-Generation Smart Contract and Decentralized Application Platform"**
  Este es el **whitepaper original de Ethereum** escrito por Vitalik Buterin, donde describe la idea detrás de los contratos inteligentes y las aplicaciones descentralizadas.

- **"Bitcoin: A Peer-to-Peer Electronic Cash System"** por Satoshi Nakamoto
  El **whitepaper de Bitcoin** que originó el concepto de las criptomonedas y la tecnología blockchain.

- **"The Tokenization of Everything"**
  Un artículo que explora cómo la **tokenización** puede transformar los activos físicos en activos digitales que se pueden intercambiar en las blockchains.

A.2. Documentación oficial de Kotlin

Kotlin es una herramienta poderosa para el desarrollo de blockchains y criptomonedas. Aquí tienes algunos enlaces esenciales a la documentación oficial y recursos adicionales que te ayudarán a dominar Kotlin.

- **Documentación oficial de Kotlin**:
  https://kotlinlang.org/docs/reference/
  La documentación oficial de Kotlin es el mejor lugar para comenzar. Ofrece una guía completa sobre todas las funcionalidades del lenguaje.

- **Kotlin Coroutines**:
  https://kotlinlang.org/docs/coroutines-overview.html
  Las **coroutines** de Kotlin son fundamentales para manejar la concurrencia y optimizar el rendimiento en aplicaciones blockchain.

- **Kotlin Multiplatform**:
  https://kotlinlang.org/docs/multiplatform.html
  Aprende cómo desarrollar aplicaciones multiplataforma con Kotlin, lo que te permitirá reutilizar el código en múltiples entornos, incluidas plataformas blockchain.

A.3. Herramientas y bibliotecas útiles para Kotlin y blockchain

Para desarrollar aplicaciones blockchain avanzadas con Kotlin, aquí tienes algunas herramientas y bibliotecas que te serán de gran ayuda.

Bibliotecas y frameworks:

- **web3j**:
  https://github.com/web3j/web3j
  Un cliente para interactuar con **Ethereum** desde Kotlin o Java. Es ideal para manejar contratos inteligentes y transacciones de Ethereum.

- **Kotlinx Serialization**:
  https://github.com/Kotlin/kotlinx.serialization
  Esta biblioteca te permite serializar y deserializar objetos de manera eficiente en aplicaciones Kotlin, una herramienta clave para gestionar los datos en la blockchain.

- **ktor**:
  https://ktor.io/
  Un framework de Kotlin para crear aplicaciones y APIs, útil para desarrollar servidores que interactúen con blockchains.

Herramientas de desarrollo:

- **Remix IDE**:
  https://remix.ethereum.org/
  Remix es un IDE basado en web para desarrollar, probar y desplegar contratos inteligentes en **Ethereum**. Puedes

usar Remix para probar tu contrato antes de interactuar con él desde Kotlin usando **web3j**.

- **Ganache**:
  https://trufflesuite.com/ganache/
  Ganache es una herramienta útil para simular una red blockchain local en la que puedes probar tus contratos inteligentes sin necesidad de interactuar con la red principal.

- **Truffle**:
  https://trufflesuite.com/truffle/
  Truffle es un entorno de desarrollo para Ethereum que te permite gestionar la compilación y el despliegue de contratos inteligentes.

Este apéndice te proporciona una base sólida de recursos para continuar tu viaje en el desarrollo de blockchains y criptomonedas con Kotlin. Explorar estos recursos adicionales te permitirá afinar tus habilidades y mantenerte al día con las últimas tendencias y herramientas en el ecosistema blockchain.

Apéndice B: Promoción de Otros Libros de la Serie

Este apéndice está dedicado a la promoción de otros títulos dentro de la serie **"Cómo Crear una Criptomoneda con Kotlin: De Cero a Experto"** y algunos libros recomendados adicionales para aquellos que desean profundizar más en el desarrollo blockchain y Kotlin.

B.1. Enlace y descripción de los libros siguientes en la serie

Libro 2: Criptomonedas Avanzadas: Optimización y Contratos Inteligentes en Kotlin

Este segundo libro de la serie te lleva a un nivel más avanzado. Explora las **mejores prácticas para optimizar blockchains**, aprende a implementar **contratos inteligentes avanzados** y descubre cómo crear **soluciones escalables** utilizando **Proof of Stake (PoS)** y **Delegated Proof of Stake (DPoS)**. Este libro está diseñado para aquellos que ya han dominado los fundamentos y desean llevar su red blockchain al siguiente nivel, mejorando su rendimiento y seguridad.

Temas clave del Libro 2:

- Optimización de blockchains para mejorar la velocidad y la eficiencia.
- Implementación de contratos inteligentes avanzados en Kotlin.
- Seguridad avanzada y protección contra ataques.
- Soluciones para mejorar la escalabilidad de tu blockchain.

Libro 3: Aplicaciones Descentralizadas (DApps) y el Futuro de la Criptomoneda

En el tercer y último libro de la serie, nos adentramos en el mundo de las **Aplicaciones Descentralizadas (DApps)** y exploramos cómo puedes crear plataformas robustas que interactúen directamente con tu blockchain. Aprende a diseñar interfaces de usuario que interactúan con contratos inteligentes, a implementar **redes peer-to-peer** y a construir aplicaciones que aprovechen al máximo la descentralización.

Temas clave del Libro 3:

- Desarrollo de DApps utilizando Kotlin y otras herramientas.
- Diseño de interfaces de usuario que interactúan con blockchains.
- Mejores prácticas para crear sistemas descentralizados seguros y escalables.
- Exploración de las tecnologías futuras que definirán el futuro de las criptomonedas.

B.2. Otros títulos recomendados para aprender Kotlin y blockchain

Además de la serie "Cómo Crear una Criptomoneda con Kotlin", también te recomendamos explorar estos libros que profundizan en temas relacionados con **Kotlin**, **blockchain**, y el desarrollo de **aplicaciones descentralizadas**.

Mastering Kotlin por Nate Ebel

Este libro es perfecto para aquellos que desean perfeccionar su conocimiento de Kotlin, con ejemplos prácticos y enfoques avanzados para desarrollar aplicaciones robustas. Aprenderás técnicas que son directamente aplicables a proyectos blockchain, como la gestión de concurrencia y la optimización del código.

Programming Bitcoin por Jimmy Song

Para aquellos interesados en el funcionamiento técnico de Bitcoin, este libro es una excelente introducción. Proporciona un análisis detallado de cómo se diseñan las blockchains de criptomonedas y cómo puedes aplicar estos principios en tus propios proyectos de blockchain.

Mastering Ethereum por Andreas M. Antonopoulos y Gavin Wood

Este es el recurso definitivo para aprender a desarrollar en la plataforma Ethereum. Si bien está enfocado en **Solidity**, la mayoría de los conceptos son aplicables a cualquier plataforma de contratos inteligentes, y te ayudará a comprender los principios fundamentales para desarrollar DApps.

Este apéndice te ofrece una visión general de los libros dentro de la serie y algunos recursos adicionales para continuar tu aprendizaje en el desarrollo de criptomonedas y aplicaciones descentralizadas con **Kotlin**. Estos títulos están diseñados para guiarte a través de todo el proceso, desde los fundamentos hasta la creación de soluciones avanzadas que pueden revolucionar la tecnología blockchain.

Capítulo Secreto: La Extraña Desaparición de Satoshi Nakamoto

En el mundo de las criptomonedas, pocos nombres son tan enigmáticos y legendarios como **Satoshi Nakamoto**. La misteriosa figura detrás de la creación de **Bitcoin** dejó una huella indeleble en la historia de la tecnología, pero también un misterio insondable: ¿quién es realmente Satoshi Nakamoto, y por qué desapareció sin dejar rastro? En este **capítulo secreto**, exploraremos algunas de las teorías más intrigantes sobre la desaparición de Nakamoto, desde teorías conspirativas hasta hipótesis tecnológicas, y el legado que dejó tras su desaparición.

El enigma de Satoshi Nakamoto

En 2008, un documento revolucionario titulado **"Bitcoin: A Peer-to-Peer Electronic Cash System"** fue publicado en una lista de correo criptográfico por un tal Satoshi Nakamoto. Este documento presentaba una nueva forma de dinero digital que no dependía de gobiernos ni bancos: **Bitcoin**. Poco después, Nakamoto lanzó el software de Bitcoin y minó los primeros bloques de la red.

Sin embargo, en 2011, después de haber entregado el control del desarrollo de Bitcoin a otros miembros de la comunidad, Nakamoto se desvaneció de la escena pública. Desde entonces, su identidad ha permanecido un misterio, alimentando especulaciones sobre quién o qué es realmente Satoshi Nakamoto.

Teorías sobre su identidad y desaparición

1. Satoshi Nakamoto es una entidad gubernamental

Una de las teorías más populares sostiene que **Satoshi Nakamoto** no es una sola persona, sino un grupo vinculado a un gobierno. Según esta teoría, Nakamoto podría haber sido parte de un proyecto más amplio desarrollado por una agencia gubernamental o un grupo de expertos en criptografía. La idea es que la creación de Bitcoin, al ser una tecnología tan disruptiva, podría haber sido un experimento controlado para probar los límites de las monedas descentralizadas. Su desaparición, según esta teoría, sería un intento de evitar que la creación del gobierno se vinculara directamente a intereses estatales.

2. Nakamoto fue eliminado por fuerzas poderosas

Otra teoría más oscura sugiere que **Satoshi Nakamoto** fue forzado a desaparecer debido a las implicaciones masivas de su creación. El poder disruptivo de Bitcoin, que amenaza a los sistemas financieros tradicionales, podría haber atraído la atención de gobiernos, corporaciones o instituciones que vieron la criptomoneda como una amenaza. Algunos especulan que Nakamoto fue silenciado, ya sea por coerción o por algo más siniestro.

3. Nakamoto es un individuo anónimo que buscaba privacidad

La hipótesis más simple, pero igualmente intrigante, es que **Satoshi Nakamoto** era simplemente un individuo preocupado por su privacidad, que nunca tuvo la intención de ser identificado. En esta teoría, Nakamoto podría haber sido un experto en criptografía que prefería operar desde las sombras. Después de entregar el control de Bitcoin a la comunidad, decidió desaparecer para siempre, dejando que su creación hablara por sí misma.

4. Nakamoto dejó pistas sobre su identidad en el código de Bitcoin

Algunos investigadores han sugerido que **Satoshi Nakamoto** dejó deliberadamente pistas sobre su identidad en el propio código de Bitcoin. Desde la elección de ciertos patrones criptográficos hasta el estilo de codificación, algunos creen que el código es un "mapa" que, si se interpreta correctamente, podría revelar quién es Nakamoto. Sin embargo, hasta ahora, ninguna de estas pistas ha llevado a una conclusión definitiva.

La teoría de la desaparición digital

Una teoría fascinante sobre la desaparición de Satoshi Nakamoto está relacionada con la posibilidad de que haya desaparecido voluntariamente, **no solo del mundo físico, sino también del digital**. Algunos creen que Nakamoto creó una forma de "autodestrucción digital", un mecanismo mediante el cual borró toda su presencia en línea, incluidas sus cuentas de correo electrónico y perfiles en los foros, de manera tan completa que nadie podría rastrearlo.

Según esta teoría, Nakamoto habría utilizado tecnologías avanzadas de anonimización y criptografía para crear una huella digital que se desvanecería automáticamente después de un tiempo. Esto incluiría la eliminación segura de claves privadas, correos electrónicos y cualquier información personal que pudiera vincularse a su identidad. Esta "muerte digital" sería el último acto de un creador preocupado por el anonimato total, asegurándose de que su identidad nunca pudiera ser revelada.

¿El regreso de Satoshi Nakamoto?

A pesar de su desaparición, muchos en la comunidad de criptomonedas todavía esperan el **posible regreso de Nakamoto**. Se especula que Satoshi aún controla una gran cantidad de **Bitcoins** no gastados, y cualquier movimiento en esas billeteras sería una señal de que sigue activo. Algunos incluso creen que Nakamoto podría reaparecer en el futuro, cuando la criptomoneda alcance un punto crítico de adopción global.

No obstante, hasta hoy, las billeteras asociadas con Satoshi Nakamoto permanecen inactivas, lo que refuerza el misterio en torno a su desaparición.

El legado de Satoshi Nakamoto

Independientemente de quién o qué sea **Satoshi Nakamoto**, su legado es innegable. Bitcoin y la tecnología blockchain han desencadenado una revolución en el mundo financiero y tecnológico, desafiando las estructuras centralizadas y ofreciendo una alternativa descentralizada. La desaparición de Nakamoto ha añadido un aura de misticismo a la historia de Bitcoin, y su ausencia ha dejado a la comunidad global con una fascinación permanente sobre su identidad.

La **desaparición de Satoshi Nakamoto** también plantea una cuestión filosófica interesante: ¿es realmente necesario saber quién creó Bitcoin? Quizás el verdadero valor de su legado no radique en su identidad, sino en la independencia y la libertad que su creación ha brindado al mundo.

Conclusión del Capítulo Secreto:

El enigma de **Satoshi Nakamoto** sigue siendo una de las grandes incógnitas de la era digital. Su desaparición ha dado lugar a incontables teorías, pero también ha asegurado que Bitcoin continúe sin un líder centralizado, tal como estaba destinado. Aunque la identidad de Nakamoto puede seguir siendo un misterio, su creación ha dejado una marca indeleble en el mundo, y su historia continúa inspirando a los desarrolladores de criptomonedas y entusiastas de la descentralización en todo el mundo.

¿Regresará alguna vez Nakamoto? Solo el tiempo lo dirá. Hasta entonces, su nombre seguirá siendo sinónimo de anonimato, revolución y una de las mayores innovaciones tecnológicas del siglo XXI.

Postfacio

A medida que llegamos al final de este viaje, es importante reflexionar sobre todo lo que hemos aprendido y el impacto que las criptomonedas y la tecnología blockchain están teniendo en el mundo. Este libro ha sido una guía para entender no solo cómo crear una criptomoneda desde cero utilizando **Kotlin**, sino también cómo diseñar sistemas complejos que resuelvan los desafíos que enfrentan las redes descentralizadas hoy en día.

Desde la primera línea de código hasta la implementación de contratos inteligentes avanzados, hemos cubierto una amplia gama de temas que permiten a cualquier desarrollador llevar sus habilidades al siguiente nivel. Pero más allá de los aspectos técnicos, este libro también representa un testimonio del poder transformador de la **descentralización**. Bitcoin y otras criptomonedas no son solo tecnologías: son un cambio en la forma en que vemos el mundo, el valor, y las interacciones financieras.

El camino recorrido

Comenzamos por los **fundamentos de blockchain** y las bases de las criptomonedas, desde la creación de la estructura básica de una blockchain hasta la implementación de algoritmos de consenso como **Proof of Stake**. Exploramos los desafíos de **optimización y escalabilidad**, asegurándonos de que cualquier red blockchain pueda manejar grandes volúmenes de transacciones sin comprometer la seguridad.

También nos adentramos en el fascinante mundo de los **contratos inteligentes** y cómo su automatización puede transformar sectores enteros de la economía, desde las finanzas hasta el entretenimiento. Finalmente, hemos visto cómo la **interoperabilidad** entre blockchains está abriendo nuevas oportunidades para conectar diferentes redes y expandir las posibilidades de las aplicaciones descentralizadas.

Una nueva era de innovación

Estamos en una **nueva era de innovación tecnológica**, una era donde los sistemas descentralizados están rompiendo barreras y ofreciendo soluciones que antes parecían imposibles. Las criptomonedas han demostrado ser más que una moda: son una revolución que sigue evolucionando, y como desarrolladores, estamos en el centro de este cambio.

Los próximos años serán críticos para la adopción masiva de las criptomonedas y las **blockchains**. Veremos cómo estas tecnologías penetran más profundamente en sectores como la banca, el comercio, la propiedad intelectual y los contratos legales. También seremos testigos de cómo nuevas plataformas y blockchains emergen para resolver problemas específicos que las tecnologías actuales aún no pueden abordar.

Pero lo más emocionante de todo es que la innovación en este espacio está siendo impulsada por comunidades globales de desarrolladores, expertos en criptografía y entusiastas. La naturaleza abierta de la tecnología blockchain significa que cualquiera, en cualquier lugar, puede contribuir y ser parte de esta revolución.

El poder de la comunidad

A lo largo de este viaje, hemos enfatizado la importancia de la comunidad. Las criptomonedas no existen en el vacío; son el producto de miles de personas en todo el mundo que colaboran para mejorar los sistemas descentralizados. Los desarrolladores no solo están escribiendo código; están construyendo el futuro de las finanzas, la identidad digital y la gobernanza.

El poder de la **comunidad** es lo que ha permitido que Bitcoin, Ethereum y otras criptomonedas prosperen. Y este poder continuará moldeando el futuro de la tecnología blockchain, asegurando que siga evolucionando y adaptándose a las necesidades cambiantes del mundo.

Reflexiones finales

Este libro es solo el comienzo. El verdadero trabajo empieza ahora, cuando apliques los conocimientos adquiridos para crear tus propios proyectos blockchain. Mi esperanza es que este libro te haya inspirado no solo a crear una criptomoneda, sino a pensar más allá de los límites actuales y buscar nuevas formas de aprovechar las blockchains para resolver problemas del mundo real.

La **creación de criptomonedas** es una puerta a un mundo más amplio de posibilidades. Ya sea que desees desarrollar aplicaciones descentralizadas, diseñar nuevos sistemas de pago, o crear plataformas seguras para el intercambio de valor, el conocimiento y las herramientas que has adquirido te permitirán avanzar en cualquier dirección que elijas.

Sigue experimentando, sigue aprendiendo, y sobre todo, sigue construyendo. La tecnología blockchain es un terreno fértil para la innovación, y depende de ti, como desarrollador, descubrir su verdadero potencial.

Agradecimientos

No puedo concluir este libro sin agradecer a quienes han sido parte de este proceso. Agradezco a **Daedalus**, cuya colaboración ha sido fundamental para guiar y estructurar las ideas y conceptos presentados aquí. También quiero agradecer a la **comunidad de desarrolladores** de Kotlin y blockchain, cuyas contribuciones han hecho posible avanzar en este emocionante campo.

Por último, agradezco a **ti, lector**, por haber acompañado este viaje. Tu curiosidad, esfuerzo y dedicación para aprender son las verdaderas fuerzas que impulsan la innovación. El futuro de las criptomonedas y las blockchains está en tus manos, y estoy seguro de que harás grandes cosas con lo que has aprendido.

Este es solo el principio. El mundo de la blockchain te espera.

www.ingramcontent.com/pod-product-compliance
Lightning Source LLC
LaVergne TN
LVHW051536050326
832903LV00033B/4271